요하네스 페르메이르

뱅상 에티엔 글 · 클레르 페레 그림 | 이세진 옮김

비룡소

1632년

요하네스 페르메이르는 1632년 네덜란드 중부 지방의 작은 도시, **델프트**에서 태어났어요. 아버지 레이니어르와 어머니 디흐나의 둘째 아이였지요.
요하네스가 태어났을 때 누나 헤이르트라위트는 열두 살이었어요.

요하네스는 같은 해 10월 31일에 교회에서 세례를 받았어요. 정식으로 그 종교를 믿는 사람이 된 거지요. 1600년대에 네덜란드 사람들은 대부분 개신교*를 믿었어요.
요하네스의 가족이 다닌 교회도 개신교 교회였지요.

아버지 레이니어르는 작은 여관을 운영했어요. 그곳에서 그림도 사고팔았지요!

예술가들과 그림 상인들이 드나드는 여관은 떠들썩하고 부산스러웠어요. 요하네스는 아버지가 사고파는 그림과 예술 작품에 둘러싸여 자랐지요. 그는 금세 이런 예술적 환경에 푹 빠져들었답니다.

1641년

활기 넘치는 미술 시장

요하네스가 아홉 살이 되자, 온 가족이 시장 근처로 이사를 갔어요! 아버지는 시장 광장에 있는 메헬렌이라는 큰 여관을 샀어요. 그림을 사고파는 일도 계속했고요.

델프트는 활기가 넘치는 도시였어요. 특히 흰색 바탕에 파란색 무늬를 아름답게 넣은 도자기와 타일*로 유명했지요.

도자기 사업으로 돈을 많이 번 사업가와 상인들이 꽤 많았기 때문에 **예술품을 사고파는 미술 시장**도 번듯하게 만들어졌어요.

성공한 사업가들이 태피스트리*와 그림으로 집 안 곳곳을 장식하고 싶어 했거든요! 역사적인 사건을 담은 역사화, 사람 얼굴을 중심에 그린 초상화, 자연의 경치를 담은 풍경화, 과일과 꽃 등을 그린 정물화* 등으로요. 다행히 델프트에는 사업가들이 원하는 아름다운 그림을 그리는 예술가들이 여럿 있었지요.

1646년

요하네스는 그림 상인인 아버지 덕분에 메헬렌 여관에 전시된 그림을 많이 볼 수 있었어요. 여관에 드나드는 상인과 부자뿐만 아니라 예술가와 예술품 수집가들도 만날 수 있었고요. 이런 환경에서 요하네스는 자연스럽게 화가가 되고 싶다는 마음이 싹텄지요.

그 무렵에는, 화가가 되려면 장인*들의 모임에서 인정받은 화가를 스승으로 삼아야 했어요. 요하네스는 화가가 되기 위해 델프트를 떠났어요. 스승 옆에서 6년이라는 **긴 시간 동안 일하며 그림을 배웠지요.** 하지만 그가 누구를 스승으로 삼았는지는 아무도 몰라요.

1652년 10월, 아버지 레이니어르가
세상을 떠났어요. 요하네스는 델프트로 돌아왔지요.
메헬렌 여관을 물려받았지만, 아버지가 여관을 살 때 진 빚도 떠안아야 했어요.
요하네스는 아버지의 뒤를 이어 그림 사고파는 일을 하게 되었답니다.

1653년

예술가와 장인들의 모임

요하네스는 카타리나라는 여성과 사랑에 빠졌어요. 카타리나의 가족은 오래된 기독교인 가톨릭을 믿었지요. 요하네스는 결혼을 허락받기 위해 개신교에서 가톨릭으로 종교를 바꾸었어요. 두 사람은 1653년 4월에 결혼했답니다.

얼마 후 요하네스는 델프트의 예술가와 장인들의 모임인 **성 루가 길드***에 들어갔어요. 스물한 살에 드디어 정식 화가로 일할 수 있게 되었지요.

처음에는 요하네스도 기독교의 가르침을 담은 성경이나 신화 속 이야기를 대형 작품으로 그렸어요. 그 무렵에는 역사화를 가장 품위 있고 훌륭한 그림으로 여겼거든요.

10

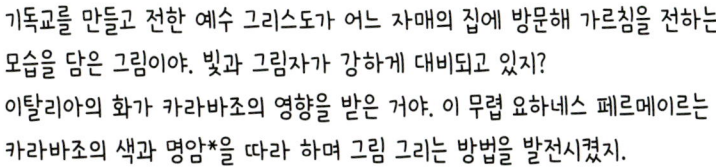

기독교를 만들고 전한 예수 그리스도가 어느 자매의 집에 방문해 가르침을 전하는 모습을 담은 그림이야. 빛과 그림자가 강하게 대비되고 있지? 이탈리아의 화가 카라바조의 영향을 받은 거야. 이 무렵 요하네스 페르메이르는 카라바조의 색과 명암*을 따라 하며 그림 그리는 방법을 발전시켰지.

「마르타와 마리아의 집을 방문한 그리스도」
1654-1656년, 캔버스에 유채*, 158.5×141.5cm, 스코틀랜드 국립 미술관, 영국 에든버러

1655년

사람들과 그림을 그리는 생활!

젊은 화가인 요하네스는 처음에 돈을 잘 벌지 못했어요. 다행히도 카타리나의 어머니 마리아 틴스가 돈을 주며 부부가 생활할 수 있게 도와주었지요.

요하네스가 들어간 성 루가 길드는 서로의 생각과 의견을 활발하게 나눌 수 있는 모임이었어요. 그는 다양한 예술가들을 만나면서 자신의 그림에 대해서 질문하게 되었지요. 계속해서 전통적인 방법으로 그림을 그리는 대신, 다른 방식의 그림을 그리고 싶었거든요. 요하네스는 열심히 고민하고 관찰하며 영감을 받으려 했어요. **자기만의 그림 그리는 방법**을 찾아야 한다고 느꼈으니까요!

요하네스 페르메이르는 성 루가 길드가 있던 건물에서 영감을 받아 이 집을 그렸다고 해.

바닥에 앉아 놀고 있는 아이들이 보이니? 그가 아이를 그린 작품은 이것뿐이야.

「골목길」
1658년경, 캔버스에 유채, 54.3×44cm, 암스테르담 국립 미술관, 네덜란드 암스테르담

1657년

요하네스는 역사화 대신 주변 사람들의 생활과 모습을 담은 **풍속화**를 그리기 시작했어요. 그는 일상의 순간을 그림에 담고 싶었지요. 그래서 그림 그리는 방식을 바꾸었어요. 요하네스는 연극 무대를 준비하듯 먼저 그림의 배경부터 상상했어요. 그런 다음 단 하나의 인물을 중심으로 그림을 그렸어요. 드디어 자기만의 그림 그리는 방법을 발견한 거예요.

1657년에 요하네스는 델프트의 부유한 미술품 수집가인 **피터르 클라스 판 라위번**에게 돈을 빌렸어요. 라위번은 요하네스의 후원자가 되어 주었어요. 작품을 여러 점 사면서, 뒤에서 그를 도와주었지요.

요하네스 페르메이르는 그림 앞쪽에 커튼과 탁자를 두었어. 그림을 보는 이가 멀리서 조용히 안쪽 깊은 곳을 바라보게 하려는 것 같아.

이 작품의 벽면에는 원래 사랑의 신 큐피드의 그림이 그려져 있었대. 최근에서야 사람들이 이를 발견하고 원래 모습으로 되돌려 놓았지. 이제 드레스덴 미술관에 가면 큐피드의 모습을 볼 수 있어.

「열린 창가에서 편지 읽는 여인」
1657-1659년, 캔버스에 유채, 83×64.5cm,
드레스덴 미술관, 독일 드레스덴

1658년

강렬한 군청색이 좋아!

요하네스는 그림의 화면을 만들고 빛을 담는 데 정성과 노력을 무척 많이 들였어요. 그래서 그림 속 빛을 표현할 색을 아주 중요하게 생각했지요.

그 당시 화가들은 색깔이 있는 고운 가루를 물이나 기름에 섞어 스스로 물감을 만들었어요. 요하네스도 여관 위층의 그림 작업실에서 **직접 물감을 만들었답니다.**

요하네스가 제일 좋아했던 물감은 **군청색**이었어요. 이 강렬한 색이 그가 주로 쓰는 노란색, 황토색, 갈색, 회색과 뚜렷한 대조를 이루었거든요.

이 그림은 평범한 여인이 부엌에서 혼자 일하는 모습을 담고 있어. 당시에는 아무도 그리지 않던 놀라운 주제였지!

그림 속 시간이 영원히 변치 않을 것처럼 보이지? 군청색 앞치마를 입은 여인이 따르는 우유는 모래시계의 모래처럼 천천히 떨어지는 것 같아.

「우유를 따르는 여인」
1660년경, 캔버스에 유채, 45.5×41cm, 암스테르담 국립 미술관, 네덜란드 암스테르담

1660년

풍경화를 그리다

1660년, 요하네스네 가족은 카타리나의 어머니 마리아 틴스의 집으로 이사를 갔어요. 덕분에 넓은 집에서 돈 걱정 없이 편안하게 지낼 수 있었지요. 그는 새로운 집에 다시 작업실을 차리고 그림 그리는 일에 온 힘을 쏟았어요.

요하네스는 바깥 생활이나 풍경보다 방이나 건물 안의 닫힌 세계를 그리는 것을 더 좋아했어요. 그래도 델프트의 **풍경화**를 몇 점 남기긴 했지요. 하지만 북적북적 활기찬 도시 대신 이른 아침의 고요한 도시를 멀리서 바라본 모습으로 그림에 담았어요.

눈부시게 빛나는 지붕과 탑이 보이니? 요하네스 페르메이르는 그림을 보는 사람의 눈길이 햇살이 비치는 도시의 안쪽에 머물기를 원했나 봐. 밝은 곳이 돋보이도록 물에 비치는 컴컴한 그림자를 실제보다 크게 표현하고, 그림의 대부분을 차지하는 넓은 하늘에 위협적인 먹구름을 그렸지.

「델프트 풍경」
1660-1661년경, 캔버스에 유채, 96.5×115.7cm, 마우리츠하위스 미술관, 네덜란드 헤이그

1662년

공간의 깊이를 찾아서

요하네스는 서른 살에 성 루가 길드의 대표로 뽑혔어요. 길드를 관리하는 중요한 일을 하게 되었지요!

요하네스는 길드를 책임지고 관리하면서 동시에 화면을 조화롭게 구성하는 방법도 계속 연구했어요. 그는 멀고 가까움을 화면에 표현하기 위해 **원근법***을 썼어요. 캔버스에 핀을 꽂고 실을 연결한 뒤, 실을 비스듬하게 당겨 그 선을 분필로 표시해서 그림을 그렸지요. 그렇게 하면 공간에 깊이가 있는 것처럼 보였답니다!

1660년대 초에 요하네스는 음악을 주제로 한 작품을 여러 점 그렸어요. 음악은 그가 특히 좋아했던 예술이지요.

바닥에 있는 건 비올라 다 감바, 여성이 연주하는 건 하프시코드, 남성이 손에 든 것은 류트야. 모두 옛날에 쓰던 악기들이지.

이 그림은 지금 어디 있는지 아무도 몰라. 1990년 3월 18일에 경찰복을 입은 도둑들이 미술관에 나타나 다른 열두 점의 그림과 함께 훔쳐 갔거든!

「연주회」
1663-1666년, 72.5×64.7cm, 이사벨라 스튜어트 가드너 미술관, 미국 보스턴

1663년

1663년부터 요하네스의 가족은 힘든 시간을 보냈어요. 카타리나의 남동생 빌렘이 마리아 틴스에게 돈을 달라며 집으로 찾아와 여러 차례 싸움을 벌였지요. 마리아 틴스와 카타리나에게 욕을 하며 두 사람을 때리기까지 했어요.

그렇지만 요하네스는 복잡한 문제나 걱정스러운 마음을 자기 작품에 드러내지 않았어요. 오히려 그의 **그림 속 여성들**은 어느 때보다 평화로워 보였어요. 그 여성들은 편지를 읽거나 쓰고, 악기를 연주하고, 아무도 모르는 꿈을 꾸고 있지요.

그림을 그리는 것이 요하네스가 걱정을 잊는 방법이었을까요?

요하네스 페르메이르는 일상생활을 하는 사람들을 즐겨 그렸어. 그림 속 사람들은 마치 사진을 찍은 것처럼 어느 순간에 멈춰 있는 것 같은 느낌을 주지.

이 그림 속에서 생각에 푹 빠진 여인은 손끝으로 저울을 들고 있어. 탁자 위에 있는 금붙이나 진주의 무게를 재려는 걸까?

「저울을 든 여인」
1664년경, 캔버스에 유채, 39.7×35.5cm, 워싱턴 내셔널 갤러리, 미국 워싱턴

1665년

초상화에 담은 아름다움

당시 부유한 상인들은 위대한 화가들에게 **초상화**를 부탁하곤 했어요. 하지만 요하네스는 초상화를 많이 그리지 않았어요. 그가 가장 좋아했던 모델은 누구였을까요? 바로 아내 카타리나와 아이들이었답니다!

하지만 모델이 누구냐는 그리 중요하지 않았어요. 요하네스는 초상화에서 있는 그대로의 모습보다는 **이상적인 아름다움을 표현**하려고 했거든요. 가족을 모델로 두고 그림을 그렸지만, 그가 정말로 그린 것은 가족이 아니었지요.

오른쪽 그림을 보세요! 그가 그린 작품 속 진주 귀고리를 한 소녀는 실제 인물의 모습이 아닌 영원한 아름다움의 이미지를 보여 주지요.

요하네스 페르메이르는 레오나르도 다빈치가 「모나리자」를 그린 방법으로 이 작품을 그렸어. 인물의 테두리를 부드럽게 하고, 안개가 낀 듯 흐릿하게 빛과 그림자를 뒤섞은 거야.

그래서인지 사람들은 이 작품을 '북유럽의 모나리자'라고 불러!

「진주 귀고리를 한 소녀」
1665년경, 캔버스에 유채, 44.5×39cm,
마우리츠하위스 미술관, 네덜란드 헤이그

1666년

작업실의 익숙한 물건들

요하네스는 자기 작업실의 차분한 분위기를 좋아했어요.
그는 작업 속도가 느린 편이었어요. 보통 1년에 두세 작품만 그리면서 세세한 부분을 끝없이 고치고 다듬었지요.

요하네스는 **작업실을 작품의 배경으로** 즐겨 삼았어요. 그림의 주제에 맞게 작업실의 모습을 바꾸곤 했지요. 살아 있는 모델을 세우기 전에, 가장 완벽한 포즈를 찾기 위해 비슷한 크기의 사람 모형을 썼고요.

그림 속의 물건들은 모두 그가 가지고 있던 것이었어요. 작품 분위기에 따라서 색깔을 실제와 다르게 칠하긴 했지만요.

이 작품은 그림 작업 중인 화가를 통해 회화* 예술을 기리고 있어. 사람들은 요하네스 페르메이르가 성 루가 길드 건물의 벽에 걸려고 그린 그림이라고 생각했지만, 그는 자기 집에 이 그림을 두었지!

이 작품 속 타일 바닥, 나무 탁자, 두꺼운 커튼은 그의 다른 그림에서도 자주 볼 수 있어.

「회화 예술」
1666-1668년경, 캔버스에 유채, 120×100cm, 빈 미술사 박물관, 오스트리아 빈

1668년

과학자를 그리다

1600년대의 다른 예술가들처럼 요하네스도 **과학**을 중요하게 생각했어요. 특히 눈을 통해 느끼는 감각인 시각과 빛을 연구하는 학문인 광학에 관심이 많았지요.

요하네스는 델프트에 사는 과학자 **안톤 판 레이우엔훅**과 친해졌어요. 레이우엔훅은 사물을 270배나 크게 볼 수 있는 현미경을 만들고, 눈으로 볼 수 없는 생물들을 관찰한 과학자였어요.

요하네스는 처음으로 남성이 주인공인 그림을 그렸어요. 연구실에서 자연의 신비와 우주의 수수께끼를 푸는 과학자였지요. 그의 작품 중에 남성이 주인공인 그림은 오른쪽에 있는 그림인 「천문학자」, 그리고 「지리학자」뿐이랍니다.

그림 속 장에 새겨진 "MDCLXVIII" 표시가 보이니? 1668이라는 로마 숫자야. 이 숫자는 고대 로마에서 만들어져 지금까지 쓰이고 있지.

탁자에는 별과 별자리를 표시한 천구 모형, 별의 움직임을 그리기 위한 컴퍼스, 별의 높이나 각도를 재는 기구, 책 등이 있어. 전부 우주를 연구할 때 필요한 것들이야.

「천문학자」
1668년, 캔버스에 유채, 51×45cm, 루브르 박물관, 프랑스 파리

1669년

대가족은 힘들어

요하네스는 이제 실력 있는 화가로 인정받고 유명해졌어요. 네덜란드 정치의 중심지인 헤이그에 사는 부유한 미술품 수집가가 그의 작품을 보러 델프트로 찾아오기도 했지요.

1670년에 요하네스의 어머니와 누나가 차례로 세상을 떠났어요. 그는 가족이 남긴 유산을 물려받았지만 형편이 좀처럼 나아지지 않았어요. 식구가 많은 대가족을 책임져야 했기 때문에 늘 먹고살기가 쉽지 않았지요.

그는 작품을 많이 그리지 않았고, 작업 속도도 여전히 느렸어요. 자신이 그린 레이스 뜨는 여인처럼 자기 일에 묵묵히 온 정신을 기울일 뿐이었지요.

그림 속 군청색, 노란색, 회색, 흰색을 보니 17쪽의 「우유를 따르는 여인」이 생각나지 않니? 그는 두 여인을 같은 세계에 담고 싶었나 봐. 한 사람은 차가운 부엌에 있고, 한 사람은 따뜻한 방에 있지만 두 사람 모두 똑같이 자신이 하는 일에 온 마음을 쏟고 있지.

이건 요하네스 페르메이르의 작품 중 가장 작은 그림이야!

「레이스 뜨는 여인」
1669-1670년, 캔버스에 유채, 24×21cm, 루브르 박물관, 프랑스 파리

1670년

1670년, 서른여덟 살이 된 요하네스는 또다시 성 루가 길드의 대표가 되었어요.

요하네스는 다른 훌륭한 화가들에게 영향을 받기는 했지만, 그 당시에도 이전에도 그려진 적이 없는 독특한 작품들을 그렸어요. 다른 화가들이 갖지 못한 재능이 있었고, 언제나 더 나은 그림을 그리려고 했지요.

그는 화면을 단순하게 구성했어요. 쓸데없는 것은 빼고 중요한 부분만 남겼지요. 그리고 빛과 색을 정확하고 아름답게 붓으로 옮겼어요. 요하네스에게는 그림 속의 모든 것이 의미가 있어야 했어요. 그래야 **그림의 주제가 빛을 받아 분명하게 드러났지요.**

요하네스 페르메이르의 작업실은 북쪽을 향하고 있었어. 그래서 작업을 할 때 비치는 햇빛은 희고 흐릿한 편이었지. 그의 작품 속 실내 장면에서 이 은은하고 부드러운 빛을 볼 수 있어. 거의 항상 왼쪽에서, 창을 통해 들어오는 빛 말이야.

「편지를 쓰는 여인과 하녀」
1670년경, 캔버스에 유채, 71.1×60.5cm, 아일랜드 국립 미술관, 아일랜드 더블린

1672년

전쟁이 가져온 불행

1672년, 네덜란드에 큰일이 일어났어요. 옆 나라 프랑스의 왕 루이 14세가 네덜란드를 상대로 **전쟁**을 시작했지요! 나라가 전쟁의 소용돌이에 빠지자 미술 시장이 꽁꽁 얼어붙었어요. 요하네스는 더 이상 자신이 그린 작품을 팔 수 없었어요. 다른 화가들의 그림을 사고파는 일도 잘되지 않았지요. 그는 돈을 빌리기 위해 네덜란드의 수도인 암스테르담까지 가야 했어요.

돈이 부족한 것을 걱정하다 보니 몸도 상해 건강이 급격히 나빠졌어요. 1675년이 저물 무렵, 요하네스는 아내 카타리나와 열한 명의 아이들이 지켜보는 가운데 숨을 거두었어요.

요하네스 페르메이르가 마흔세 살에 죽기 전 마지막으로 그린 작품 중 하나야.

이 작품은 십자가, 성경 등을 통해 기독교의 종교적 믿음을 보여 주고 있어. 그가 다른 작품들에서 다루던 일상적인 주제와 완전히 딴판이지! 크기가 큰 걸 보니 주문을 받아 그린 작품이었던 것 같아.

「신앙의 알레고리*」
1670-1672년경, 캔버스에 유채, 114.3×88.9cm,
메트로폴리탄 미술관, 미국 뉴욕

2000년대

다시 발견된 슈퍼스타

요하네스 페르메이르의 삶은 대부분 수수께끼에 싸여 있어요. 작품 구상 과정을 보여 주는 밑그림이나 글, 일기 같은 것도 남아 있지 않고요.
게다가 그 시대 작가로서는 드물게 작품을 적게 그렸어요. 오늘날 요하네스 페르메이르가 그린 것으로 확인된 **작품은 36점뿐**이지요.

200년 가까이 잊혔던 그의 작품을 프랑스의 어느 평론가가 1800년대에 다시 발견해 알렸어요. 요하네스 페르메이르는 다시 사람들의 주목을 받으며 **예술가들의 슈퍼스타**가 되었죠. 화가 빈센트 반 고흐는 그의 작품에서 모든 종류의 색을 찾아볼 수 있다고 감탄했어요. 소설가 마르셀 프루스트는 그를 가장 좋아하는 화가로 꼽았답니다.

「**우유를 따르는 여인**」이나 「**진주 귀고리를 한 소녀**」는 오늘날 세계에서 가장 유명한 그림들 중 하나로 꼽히고 있어요. 「우유를 따르는 여인」은 상품 광고에 쓰였고, 「진주 귀고리를 한 소녀」에서 영감을 받은 소설은 영화로 만들어지기도 했지요!

2000년대

요하네스 페르메이르의 작품은 세계 곳곳에 흩어져 있어요. 그의 고향인 델프트에 남아 있는 작품은 한 점도 없지요.

요하네스 페르메이르의 가장 유명한 작품을 보고 싶다면 프랑스의 루브르 박물관이나, 네덜란드의 마우리츠하위스 미술관 혹은 암스테르담 국립 미술관으로 가야 해요.

요하네스 페르메이르의 작품을 만날 수 있는 곳

미국, 일본, 독일, 오스트리아, 아일랜드, 영국의 주요 미술관에도 요하네스 페르메이르의 작품이 있어요. 심지어 영국 왕도 그의 작품 한 점을 버킹엄궁에 개인 소장하고 있지요!